BENEDIKT XVI.
WO WAR GOTT?

Inhaltsverzeichnis

BENEDIKT XVI.

„AN DIESEM ORT DES GRAUENS“

Ansprache des Papstes beim Besuch des ehemaligen Konzentrationslagers Auschwitz am 28. Mai 2006 im Rahmen seiner Pastoralvisite in Polen (in italienischer Sprache).

An diesem Ort des Grauens, einer Anhäufung von Verbrechen gegen Gott und den Menschen ohne Parallele in der Geschichte, zu sprechen, ist fast unmöglich – ist besonders schwer und bedrückend für einen Christen, einen Papst, der aus Deutschland kommt. An diesem Ort versagen die Worte, kann eigentlich nur erschüttertes Schweigen stehen – Schweigen, das ein inwendiges Schreien zu Gott ist: Warum hast du geschwiegen? Warum konntest du dies alles dulden? In solchem Schweigen verbeugen wir uns inwendig vor der ungezählten Schar derer, die hier gelitten haben und zu Tode gebracht worden sind; dieses Schweigen wird dann doch zur lauten Bitte um Vergebung und Versöhnung, zu einem Ruf an den lebendigen Gott, dass er solches nie wieder geschehen lasse.

Vor 27 Jahren, am 7. Juni 1979, stand hier Papst Johannes Paul II. Er sagte damals: „Heute komme ich hierher als Pilger. Es ist bekannt, dass ich viele Male hierhergekommen bin … Wie oft! Und oft bin ich hinabgestiegen in die Todeszelle von Maximilian Kolbe und bin stehengeblieben vor der Todesmauer, durch die Trümmer der Krematorien von Birkenau gegangen. Ich konnte als Papst unmöglich nicht hierherkommen.“ Papst Johannes Paul II.

stand hier als Kind des Volkes, das neben dem jüdischen Volk am meisten an diesem Ort und überhaupt im Laufe des Krieges hat leiden müssen: „Sechs Millionen Polen haben ihr Leben während des Zweiten Weltkriegs verloren, ein Fünftel der Nation", sagte der Papst damals erinnernd. Er hat hier den Mahnruf zur Achtung der Rechte des Menschen und der Nationen erhoben, den zuvor seine Vorgänger Johannes XXIII. und Paul VI. vor der Welt erhoben hatten, und hat hinzugefügt: „Ich verkündige diese Rechte als Sohn der Nation, die in ihrer entfernten und jüngeren Geschichte vielfältige Qualen durch andere erlitten hat. Ich sage dies nicht, um anzuklagen, sondern um zu erinnern. Ich spreche im Namen aller Nationen, deren Rechte verletzt und vergessen werden …"

Papst Johannes Paul II. stand hier als Sohn des polnischen Volkes. Ich stehe hier als Sohn des deutschen Volkes, und gerade deshalb muss ich, darf ich wie er sagen: Ich konnte unmöglich nicht hierherkommen. Ich musste kommen. Es war und ist eine Pflicht der Wahrheit, dem Recht derer gegenüber, die gelitten haben, eine Pflicht vor Gott, als Nachfolger von Johannes Paul II. und als Kind des deutschen Volkes hier zu stehen – als Sohn des Volkes, über das eine Schar von Verbrechern mit lügnerischen Versprechungen, mit der Verheißung der Größe, des Wiedererstehens der Ehre der Nation und ihrer Bedeutung, mit der Verheißung des Wohlergehens und auch mit Terror und Einschüchterung Macht gewonnen hatte, so dass unser Volk zum Instrument ihrer Wut des Zerstörens und des Herrschens gebraucht und missbraucht werden konnte. Ja, ich konnte unmöglich nicht hierherkommen. Am 7. Juni 1979 hatte ich als Erzbischof von München und Freising unter den vielen Bischöfen hier gestanden, die den Papst begleiteten, auf ihn hörten und mit ihm beteten. 1980 war ich dann noch einmal mit einer Delegation deutscher Bischöfe an diese Stätte des Grauens gegangen, erschüttert ob des Bösen und dankbar dafür, dass über dieser Finsternis der Stern der Versöhnung aufgegangen war. Dazu bin ich auch heute hier: die Gnade der Versöhnung zu erbitten – von Gott zuerst, der allein unsere Herzen auftun und reinigen kann; von den Menschen, die hier gelitten haben, und schließlich die Gnade der Versöhnung für alle, die in dieser unserer Stunde der Geschichte auf neue Weise unter der Macht des Hasses und der vom Hass geschürten Gewalt leiden.

Wie viele Fragen bewegen uns an diesem Ort! Immer wieder ist da die Frage: Wo war Gott in jenen Tagen? Warum hat er geschwiegen? Wie konnte er dieses Übermaß von Zerstörung, diesen Triumph des Bösen dulden? Die Worte des Psalms 44 kommen uns in den Sinn, die Klage des leidenden Israel:

> „… Du hast uns verstoßen an den Ort der Schakale und uns bedeckt mit Finsternis … Um deinetwillen werden wir getreten Tag für Tag, behandelt wie Schafe, die man zum Schlachten bestimmt hat. Wach auf, warum schläfst du, Herr? Erwache, verstoß uns nicht für immer! Warum verbirgst du dein Gesicht, vergisst unsere Not und Bedrängnis? Unsere Seele ist in den Staub hinabgebeugt, unser Leib liegt am Boden. Steh auf – hilf uns! In deiner Huld erlöse uns!“ (*Ps* 44,20.23–27).

Dieser Notschrei des leidenden Israel an Gott in Zeiten der äußersten Bedrängnis ist zugleich der Notruf all derer in der Geschichte – gestern, heute und morgen –, die um Gottes willen, um der Wahrheit und des Guten willen leiden, und das sind viele, auch heute.

Wir können in Gottes Geheimnis nicht hineinblicken – wir sehen nur Fragmente und vergreifen uns, wenn wir uns zum Richter über Gott und die Geschichte machen wollen. Dann würden wir nicht den Menschen verteidigen, sondern zu seiner Zerstörung beitragen. Nein – im Letzten müssen wir bei dem demütigen, aber eindringlichen Schrei zu Gott bleiben: Wach auf! Vergiss dein Geschöpf Mensch nicht! Und unser Schrei an Gott muss zugleich ein Schrei in unser eigenes Herz hinein sein, dass in uns die verborgene Gegenwart Gottes aufwache – dass seine Macht, die er in unseren Herzen hinterlegt hat, nicht in uns vom Schlamm der Eigensucht, der Menschenfurcht und der Gleichgültigkeit, des Opportunismus verdeckt und niedergehalten werde. Wir stoßen diesen Ruf an Gott, diesen Ruf in unser eigenes Herz hinein, gerade auch in dieser unserer gegenwärtigen Stunde aus, in der neue Verhängnisse drohen, in der neu alle dunklen Mächte aus dem Herzen des Menschen aufzusteigen scheinen – auf der einen Seite der Missbrauch Gottes zur Rechtfertigung blinder Gewalt gegen Unschuldige, auf der anderen Seite der Zynismus, der Gott nicht kennt und den Glauben an ihn verhöhnt. Wir rufen zu Gott, dass er die Menschen zur Einsicht bringe, damit sie erkennen, dass Gewalt keinen Frieden stiftet, sondern nur wieder Gewalt hervorruft – eine Spirale der Zerstörungen, in der alle am Ende nur Verlierer sein können. Der Gott, dem wir glauben, ist ein Gott der Vernunft – einer Vernunft, die freilich nicht neutrale Mathematik des Alls, sondern eins mit der Liebe, mit dem Guten ist. Wir bitten Gott, und wir rufen zu den Menschen, dass diese Vernunft, die Vernunft der Liebe, der Einsicht in die Kraft der Versöhnung und des Friedens die Oberhand gewinne inmitten der uns umgebenden Drohungen der Unvernunft oder einer falschen, von Gott gelösten Vernunft.

Der Ort, an dem wir stehen, ist ein Ort des Gedächtnisses, ist der Ort der Schoah. Das Vergangene ist nie bloß vergangen. Es geht uns an und zeigt uns, welche Wege wir nicht gehen dürfen und welche wir suchen müssen. Wie Johannes Paul II. bin ich die Steine entlanggegangen, die in den verschiedenen Sprachen an die Opfer dieses Ortes erinnern: in Weißrussisch, Tschechisch, Deutsch, Französisch, Griechisch, Hebräisch, Kroatisch, Italienisch, Jiddisch, Ungarisch, Niederländisch, Norwegisch, Polnisch, Russisch, Roma, Rumänisch, Slowakisch, Serbisch, Ukrainisch, Jüdisch-spanisch und Englisch. All diese Gedenksteine künden von menschlichem Leid, lassen uns den Zynismus der Macht ahnen, die Menschen als Material behandelte und sie nicht als Personen anerkannte, in denen Gottes Ebenbild aufleuchtet. Einige Steine laden zu einem besonderen Gedenken ein. Da ist der Gedenkstein in hebräischer Sprache. Die Machthaber des Dritten Reiches wollten das jüdische Volk als ganzes zertreten, es von der Landkarte der Menschheit tilgen; auf furchtbare Weise haben sich da die Psalmworte bestätigt: „Wie Schafe werden wir behandelt, die zum Schlachten bestimmt sind." Im Tiefsten wollten jene Gewalttäter mit dem Austilgen dieses Volkes den Gott töten, der Abraham berufen, der am Sinai gesprochen und dort die bleibend gültigen Maße des Menschseins aufgerichtet hat. Wenn dieses Volk einfach durch sein Dasein Zeugnis von dem Gott ist, der zum Menschen gesprochen hat und ihn in Verantwortung nimmt, so sollte dieser Gott endlich tot sein und die Herrschaft nur noch dem Menschen gehören – ihnen selber, die sich für die Starken hielten, die es verstanden hatten, die Welt an sich zu reißen. Mit dem Zerstören Israels, mit der Schoah, sollte im Letzten auch die Wurzel ausgerissen werden, auf der der christliche Glaube beruht, und endgültig durch den neuen, selbstgemachten Glauben an die Herrschaft des Menschen, des Starken, ersetzt werden. Da ist dann der Stein in polnischer Sprache: Man wollte zunächst und zuerst die geistige Führung Polens auslöschen und damit das Volk als eigenes geschichtliches Subjekt austilgen, um es, soweit es weiter bestand, zu einem Volk von Sklaven zu erniedrigen. Dann lädt besonders der Stein zum Nachdenken ein, der in der Sprache der Sinti und Roma geschrieben ist. Auch hier sollte ein ganzes Volk verschwinden, das quer durch die einzelnen Völker wandert und lebt. Es wurde zu den unnützen Elementen der Weltgeschichte gerechnet, in einer Weltanschauung, in der nur noch der messbare Nutzen zählen sollte; alles andere wurde nach deren Vorstellungen als lebensunwertes Leben eingestuft. Da ist dann der Gedenkstein in Russisch, der uns an die ungeheuren Blutopfer der russischen Soldaten im Kampf gegen das nationalsozialistische Terror-Regime erinnert und freilich zugleich an die tragische Doppelbedeutung ihres Einsatzes denken lässt: Während sie Völker von der einen Diktatur befreiten, haben sie doch auch dieselben Völker einer neuen Diktatur, derjenigen Stalins und der kommunistischen Ideologie, unterworfen. Auch alle anderen Steine in den vielen Sprachen Europas sprechen uns von dem Leiden der Menschen aus diesem ganzen Kontinent; sie würden erst vollends zu unserem Herzen sprechen, wenn wir nicht mehr nur der Opfer im Großen und Ganzen gedächten, sondern die einzelnen Gesichter von Menschen sehen würden, die hier im Dunkel des Terrors endeten. Es war mir eine innere Pflicht, auch vor dem Gedenkstein in deutscher Sprache besonders innezuhalten. Von dort tritt das Gesicht von Edith Stein, Teresia Benedicta vom heiligen Kreuz, auf uns zu – Jüdin und Deutsche, die zusammen mit ihrer Schwester im Grauen der Nacht des nazideutschen Konzentrationslagers verschwunden ist, die als Christin und als Jüdin mit ihrem Volk und für ihr Volk sterben wollte. Die Deutschen, die damals nach Auschwitz-Birkenau verbracht wurden und hier gestorben sind, wurden als Abschaum der Nation hingestellt. Aber nun erkennen wir sie dankbar als die Zeugen der Wahrheit und des Guten, das auch in unserem Volk nicht untergegangen war. Wir danken diesen Menschen, dass sie sich der Macht des Bösen nicht gebeugt haben und so als Lichter in einer dunklen Nacht vor uns stehen. Wir beugen uns in Ehrfurcht und Dankbarkeit vor all denen, die wie die drei Jünglinge angesichts der Drohung des babylonischen Feuerofens geantwortet haben: „Wenn überhaupt jemand, so kann nur unser Gott … uns retten. Tut er es aber nicht, so sollst du, König, wissen: Auch dann verehren wir deine Götter nicht und beten das goldene Standbild nicht an, das du errichtet hast“ (*Dan* 3,17f).

Ja, hinter diesen Gedenksteinen verbirgt sich das Geschick von unzähligen Menschen. Sie rütteln unser Gedächtnis auf, sie rütteln unser Herz auf. Nicht zum Hass wollen sie uns bringen: Sie zeigen uns, wie furchtbar das Werk des Hasses ist. Sie wollen uns zur Einsicht bringen, die das Böse als Böses erkennt und verneint; sie wollen den Mut zum Guten, zum Widerstand gegen das Böse in uns wecken. Sie wollen uns zu jener Gesinnung bringen, die sich in den Worten ausdrückt, die Sophokles der Antigone angesichts des Grauens um sie herum in den Mund gelegt hat: „Nicht mitzuhassen, mitzulieben bin ich da.“

Gottlob wachsen im Umkreis dieser Stätte des Grauens mit der Reinigung des Gedächtnisses, zu der sie uns drängt, vielfältige Initiativen, die dem Bösen eine Grenze setzen, dem Guten Kraft geben wollen. Eben durfte ich das Zentrum für Dialog und Gebet segnen. Ganz nah dabei vollzieht sich das verborgene Leben der Karmelitinnen, die sich besonders dem Geheimnis des Kreuzes Christi verbunden wissen und uns an den Glauben der Christen erinnern, dass Gott selbst in die Hölle der Leiden abgestiegen ist und mit uns leidet. In Oświęcim besteht das Zentrum des heiligen Maximilian und das Internationale Zentrum für die Erziehung über Auschwitz und den Holocaust. Es gibt das Internationale Haus für Jugendbegegnungen. Bei einem der alten Gebetshäuser besteht das Jüdische Zentrum. Schließlich ist die Akademie für die Menschenrechte im Aufbau begriffen. So dürfen wir hoffen, dass aus dem Ort des Grauens Besinnung wächst und dass das Erinnern hilft, dem Bösen zu widerstehen und der Liebe zum Sieg zu verhelfen.

Die Menschheit hat in Auschwitz-Birkenau eine „finstere Schlucht" durchschritten. So möchte ich gerade an dieser Stelle mit einem Gebet des Vertrauens schließen – einem Psalm Israels, der zugleich ein Gebet der Christenheit ist:

„Der Herr ist mein Hirte, nichts wird mir fehlen. Er lässt mich lagern auf grünen Auen und führt mich zum Ruheplatz am Wasser. Er stillt mein Verlangen; er leitet mich auf rechten Pfaden, treu seinem Namen. Muss ich auch wandern in finsterer Schlucht, ich fürchte kein Unheil; denn du bist bei mir, dein Stock und dein Stab geben mir Zuversicht … Im Haus des Herrn darf ich wohnen für lange Zeit“ (*Ps* 23,1–4.6).

ELIE WIESEL

WIEDER-BEGEGNUNG MIT AUSCHWITZ

Anmerkung des Verlags: Dieser Text wurde erstmals veröffentlicht in dem Band „Auschwitz Birkenau. Eine Erinnerung, die brennt, aber sich niemals verzehrt" (Fotografien von Adam Bujak, Freiburg – Basel – Wien 1989, S. 5–8). Für die freundliche Genehmigung zum Nachdruck danken wir dem Autor.

Die Stille. Die Stille von Birkenau. Die Stille von Birkenau ist wie keine andere. Sie birgt in sich die Entsetzensschreie, die erdrosselten Gebete von Tausenden und Abertausenden Gemeinden, ausgerottet durch den Feind, von ihm verurteilt, in der Dunkelheit einer endlosen, einer namenlosen Nacht verschlungen zu werden. Menschliches Schweigen, eingefroren im Herzen der Unmenschlichkeit. Todesstille im Herzen des Todes. Es dringt ein ins Gewissen, ohne es zu durchdringen. Es lädt dort ein Geheimnis ab, das keine Kraft je durchbohren kann. Ewiges Schweigen unter einem mattblauen Himmel.

Zurückgekehrt nach Birkenau, Ewigkeiten, nachdem ich es verlassen habe, entsteht mir der unwirkliche Eindruck, dort dem Jungen begegnet zu sein, der ich einmal war. Außer, dass jetzt alles ganz ruhig, fast friedlich erscheint. Ich schließe die Augen: Die Tiefen der Zeit bringen sinnestäuschende Bilder hervor. Unzählige Menschen, alle ohne Gesicht, laufen durch alle meine Sinne. Im Reich der Schatten, das Auschwitz ist, geht niemand langsam. Der Tod selbst wirft sich seiner Beute entgegen. Er hat keine Zeit, der Tod. Er muss überall gleichzeitig sein.

Das Leben, der Tod: Alles verbindet sich in rasender Schnelligkeit. Die Zukunft beschränkt sich hier auf den Augenblick, der der Selektion vorausgeht. Der Gegenwart muss man hier nachlaufen, damit sie nicht gänzlich verschwindet. Man rennt zum Waschen. Man rennt, während man sich anzieht. Man rennt bei der Brot-, bei der Margarine-, bei der Suppenzuteilung. Man rennt zum Appell, man rennt zur Arbeit, man rennt von einem Block zum anderen, von einem Zelt zum anderen, auf der Suche nach einem vertrauten Blick, auf der Suche nach einem tröstenden Wort.

An das Anschlagen der Hunde erinnere ich mich mit einer an Schmerz grenzenden Schärfe. Das Geheul der Schlächter. Der Lärm der Gummiknüppel, die auf die Nacken der Gefangenen niederschlagen. Der Schmerz macht die verhungernden, schwachen Menschen stumm, ihre Demütigung, so schwer wie ein Fluch. Daran werde ich mich immer erinnern.

Wie friedlich im Augenblick alles erscheint. Ein sonniger Augusttag. Ein frischer Wind lässt die grau-blauen Wolken über uns in der Ferne schwirren. Damals war es Mitte Mai. Es war kalt. Vom Wagen springend zog sich ein Mädchen den Mantel an. „Knöpf ihn zu“, sagte ihr die Mutter. Wie immer ganz gehorsam knöpfte sie ihn zu. Ich begleite sie mit meinem Blick. Ich habe sie nie aus den Augen verloren. Ich sehe sie immer, ich sehe sie noch, wie sie sich mit der Menge entfernt, kleines Mädchen mit dem von Reinheit und Schönheit überfließenden Lächeln, kleines jüdisches Mädchen mit Goldhaar und unschuldigem Traumgesicht, blitzendes Licht auf dem untergehenden Schiff: Es genügt, die Augenlider zu senken, damit die Zeit euch wieder zurückbringt. Da, nichts hat sich geändert. Es gibt eine Ebene der Existenz, auf der sich niemals irgendetwas ändert.

Birkenau: Ich war mir nicht mehr darüber im Klaren, dass das Lager so relativ klein war; vielleicht liegt es an dem berühmten „schwarzen Loch“, von dem die Weisen sprechen. Es hat ein ganzes Volk, mitsamt seinen Fürsten und Bettlern, seinen Greisen und Kindern, ein Volk mit seinen Hoffnungen und seinen Erinnerungen verschluckt.

Von den beiden, Birkenau und Auschwitz, bringt Birkenau die Erinnerung mehr zum Klingen. Auschwitz gleicht so sehr einem wohlgepflegten, guterhaltenen Museum. Allerdings übersteigt die Wirklichkeit von Auschwitz alles, was ein Museum bieten und enthalten könnte. Birkenau heute ist ein wenig wie Birkenau damals. Es genügt, sich zur Erde zu beugen, um dort die Asche zu finden, die seinerzeit vom Himmel fiel und die armen Reste von Tausenden und Tausenden jüdischer Kinder, schweigend und weise, so weise, in die vier Winde zerstreute.

Mit einigen Gefährten und Freunden durchwandern wir das Lager. Ein Führer hält es für nötig, uns Erklärungen und Kommentare zu geben. Nur aus Höflichkeit hören wir hin. Da, die Rampe. Schienen, die diesen Ort mit allen jüdischen Zentren des Kontinents verbunden haben. Schienen, die auf dem ungeheuren Altar zusammenlaufen, dessen Flammen den Himmelsthron berühren, ihn berühren müssen. Am Abend unserer Ankunft konnten wir die Bedeutung der Rampe nicht begreifen. Benommen glaubten wir nur, in einen Alptraum gestürzt zu sein. Das ist sie also, die Rampe. Der Kreuzweg. Mengele. Eine Bewegung des Stabes zeigte den Todesweg. Bei Tagesabbruch war von unserem Konvoi nicht mehr viel übrig.

Ich habe über diesen Gipfelpunkt des Bösen alles gelesen. Ich glaube, alles über die letzten Stunden der Opfer zu wissen. Ich werde nichts sagen. Es sich vorzustellen, wäre taktlos. Es zu erzählen, wäre schamlos. Auf dem Marsch zu dem Ort, wo die Schlächter ihre Gaskammern gebaut hatten, ihre Krematorien, galt es, die Zähne zusammenzubeißen. Und jeden Wunsch, zu heulen, zu schreien, zu weinen, galt es zu unterdrücken. In einem bestimmten Moment, in dem wir in der Vorkammer des Todes waren, verspürten wir Ehemaligen von Auschwitz das Bedürfnis, uns die Arme zu reichen. Das Bedürfnis, einander zu stützen? Während einer unendlichen Zeitspanne hielten wir Stille. Dann, ganz leise zuerst, schließlich immer lauter schreiend, begannen wir wie Verrückte das ewige Gebet der Juden zu sprechen: „Sch^{e}ma Israel“ – „Höre Israel, Gott ist unser Gott, Gott ist einer“ – einmal, zweimal, fünfmal … Taten wir dies, weil damals die Opfer, die spürten, dass das Ende nah war, begannen, dasselbe Gebet zu sprechen? Und weil wir so unsere rückwirkende Solidarität mit ihnen manifestieren wollten? Weil am Ende, an der Todesschwelle, alle Worte zu Gebeten werden, und alle Gebete zu dem einen verschmelzen?

In dem offenen Zug, der uns später, im Januar 1945, von Auschwitz nach Buchenwald brachte, begannen wir, aufgerieben von einem wilden Schneesturm, mit unseren letzten Kräften dasselbe Gebet zu schreien. Mit unserem letzten Atemzug wollten wir einer unwürdigen Welt unseren Glauben an Gott kundtun, jawohl, trotz Auschwitz: Gott ist einzig; trotz der Schlächter: Gott ist unser Gott; trotz Buchenwald: Gott ist einer.

Wieder umgibt uns eine Stille, schwer von Endgültigkeit. Sie gleicht jener, die der Offenbarung am Sinai vorausging. Der Talmud gibt uns eine bewegende poetische Beschreibung: Die Stille war so, dass die Tiere aufhörten zu blöken, die Hunde zu bellen, der Wind zu wehen, das Meer sich zu bewegen, die Vögel zu singen … Das ganze Universum hielt den Atem an in Erwartung des göttlichen Wortes …

Das ist es, was wir angesichts Birkenaus tun müssen: den Atem anhalten und warten, gemeinsam, um ein ganz klein bisschen die gebieterischste Stimme dieser Zeit zu vernehmen, diejenige einer Erinnerung, welche brennt und brennt, aber sich niemals verzehrt.

WŁADYSŁAW BARTOSZEWSKI

REFLEXIONEN EINES EHEMALIGEN AUSCHWITZ-HÄFTLINGS

Für mich als ehemaligen polnischen Auschwitz-Häftling war es ein unvorstellbares und zutiefst berührendes Erlebnis, zum zweiten Mal am Zusammentreffen mit dem Oberhaupt der katholischen Kirche in Auschwitz-Birkenau teilnehmen zu dürfen. Zum ersten Mal war mir das im Juni 1979 ermöglicht gewesen, anlässlich des Besuchs des polnischen Papstes Johannes Paul II.

Unvorstellbar deswegen, weil ich davor schon einmal auf dem Appellplatz Auschwitz I stand, im September 1940, als erst 18-Jähriger, als Schutzhäftling Nummer 4427, zusammen mit fünfeinhalbtausend anderen Polen – Studenten, Pfadfindern, Lehrern, Rechtsanwälten, Ärzten, Priestern, Offizieren der polnischen Armee, Mitgliedern verschiedener politischer Parteien und Gewerkschaften. Ich konnte mir nicht vorstellen, dass ich Hitler und den Zweiten Weltkrieg überleben würde; auch nicht, dass Auschwitz – als Auschwitz-Birkenau und Monowitz – der Durchführung des undenkbaren Vorhabens dienen sollte, die europäischen Juden biologisch zu eliminieren.

In den ersten fünfzehn Monaten des Bestehens dieses schrecklichen Ortes waren wir – die polnischen Häftlinge – auf uns allein gestellt. Die freie

Welt interessierte sich nicht für unser Leiden und unseren Tod, trotz wiederholter Versuche der geheimen Widerstandsorganisation, die innerhalb des Lagers tätig war, Informationen nach außen sickern zu lassen. Im Spätsommer 1941 kamen einige zehntausend Kriegsgefangene aus der sowjetischen Armee nach Auschwitz, und an ihnen – sowie an kranken polnischen politischen Häftlingen – wurde im September 1941 die Wirkung des Giftgases Zyklon B erprobt. Keiner der Häftlinge konnte sich damals vorstellen, dass es sich „lediglich" um einen mörderischen Versuch handelte, um die Vorbereitung auf einen massenhaften Völkermord mit industriellen Methoden. Und doch war dies Realität in den Jahren 1942, 1943 und 1944. Die Errichtung von Gaskammern und Krematorien, ihre erschreckende Funktionsfähigkeit, ist bloß die technische Seite eines teuflischen Unternehmens. In Polen, in der Heimat von David Ben Gurion, Shimon Peres, aber auch Isaak Bashevis Singer, Artur Rubinstein und Menachem Begin, entstand nach der Entscheidung Berlins ein Zentrum der Vernichtung der Juden. Die Deutschen behandelten die Polen und Russen in Auschwitz-Birkenau als „Untermenschen"; dagegen waren für sie die Juden aus Frankreich, Belgien, Holland, Deutschland und Österreich, aus den Ländern des früheren Jugoslawiens, aus Griechenland, Ungarn, Rumänien, Bulgarien, Tschechien und der Slowakei nicht einmal Untermenschen, sondern Ungeziefer.

Die polnische Widerstandsbewegung informierte und alarmierte die freie Welt. Infolge der Mission von Jan Karski – wie auch durch andere Kanäle – wussten die Regierungen Großbritanniens und der Vereinigten Staaten bereits im letzten Quartal 1942 genau, was in Auschwitz-Birkenau geschah. Kein Land der Welt reagierte auf eine Weise, die dem Rang des Problems angemessen gewesen wäre, auf den Aufruf des Außenministers der polnischen Exilregierung in London vom 10. Dezember 1942 an die Alliierten, „nicht nur die Verbrechen der Deutschen zu verurteilen und die Verantwortlichen zu bestrafen, sondern nach Mitteln zu suchen, die den deutschen Massenmorden wirkungsvoll ein Ende bereiten“. Diese wirkungsvollen Mittel wurden nicht gefunden, und eigentlich hat keiner besonders fleißig nach ihnen gesucht. Dabei war zu dieser Zeit rund die Hälfte der Opfer noch am Leben. Die einzige Folge der polnischen Initiative war eine kurze Deklaration von zwölf alliierten

Ländern, am 17. Dezember 1942 gleichzeitig in London, Moskau und Washington bekanntgegeben. In dieser Deklaration, wo Auschwitz-Birkenau übrigens nicht mit Namen erwähnt wird, signalisieren die Regierungen Belgiens, der Tschechoslowakei, Griechenlands, Luxemburgs, Hollands, Norwegens, Polens, der USA, Großbritanniens, der UdSSR und Jugoslawiens sowie das Französische Nationalkomitee, dass ihnen das schreckliche Schicksal der Juden „in Polen, das von den Nazis zu ihrem Schlachthof gemacht wurde", bekannt ist, und sie versprechen die Bestrafung der Verantwortlichen dieses Verbrechens.

Dieses Verbrechen wurde niemals bestraft, denn es gibt keine angemessene Strafe für Völkermord. Auschwitz-Birkenau, einmal ein geheimer Ort zur Vernichtung von Menschen, ist dennoch für die gesamte zivilisierte Welt zu einem Symbol von besonderem Rang geworden. Das drückte Benedikt XVI. bereits im ersten Absatz seiner Ansprache aus:

> „An diesem Ort des Grauens, einer Anhäufung von Verbrechen gegen Gott und den Menschen ohne Parallele in der Geschichte, zu sprechen, ist fast unmöglich – ist besonders schwer und

bedrückend für einen Christen, einen Papst, der aus Deutschland kommt. An diesem Ort versagen die Worte, kann eigentlich nur erschüttertes Schweigen stehen – Schweigen, das ein inwendiges Schreien zu Gott ist: Warum hast du geschwiegen? Warum konntest du dies alles dulden? In solchem Schweigen verbeugen wir uns inwendig vor der ungezählten Schar derer, die hier gelitten haben und zu Tode gebracht worden sind; dieses Schweigen wird dann doch zur lauten Bitte um Vergebung und Versöhnung, zu einem Ruf an den lebendigen Gott, dass er solches nie wieder geschehen lasse."

Ich stand in Auschwitz neben Kardinal Lustiger und Kardinal Dziwisz im Hof von Block XI, als der Heilige Vater bei der Todeswand in schweigendes Gebet vertieft war, und auch wir reichten uns schweigend die Hände. Wir erinnerten uns daran, dass auch Karol Wojtyła – als Bischof, als Kardinal und schließlich als Papst – diesen Block und die Zelle, wo der heilige Maximilian Kolbe zu Tode gequält wurde, besucht hatte. Und es schien mir: Je tiefer sich Joseph Ratzinger mit dieser Tradition identifiziert, desto mehr wird er zu unserem Heiligen Vater.

Das kurze Zusammentreffen von Benedikt XVI. mit zweiunddreißig früheren Häftlingen des KZ Auschwitz-Birkenau war nicht konventionell; der Papst konnte mit jedem einzelnen ein paar Worte wechseln. Er strahlte Wärme und einfache Menschlichkeit aus und teilte sie mit allen Anwesenden.

Die letzten noch am Leben gebliebenen früheren Häftlinge von Auschwitz-Birkenau, die dort am 28. Mai 2006 anlässlich des Besuchs von Benedikt XVI. anwesend waren, haben das Recht, zu glauben, dass ihr Leiden und der Tod ihrer Nächsten doch einen bedeutenden Sinn hatten: für eine bessere Zukunft aller Menschen in Europa und sogar in der Welt, egal welcher ethnischer Abstammung oder Religion. Sie möchten glauben, dass die Erinnerung an das nur schwer vorstellbare Schicksal der Häftlinge und Opfer dieses Ortes die künftigen Generationen zu einem Leben in Respekt vor der Würde des anderen und zum aktiven Widerstand gegen Erscheinungen von Hass und Verachtung gegenüber Menschen verpflichten wird, insbesondere gegen die verschiedenen Formen der Fremdenfeindlichkeit und des Antisemitismus – auch unter dem heuchlerischen Decknamen des Antizionismus.

Wir müssen uns und der Welt die Frage stellen, inwieweit es uns gelungen ist, den jungen Generationen die Wahrheit über die schrecklichen Erfahrungen des Totalitarismus zu vermitteln. Meiner Meinung nach wurde viel geleistet, aber nicht genug. Benedikt XVI. kam hierher als kirchliches Oberhaupt, aber er verschwieg auch seine ethnische und kulturelle Zugehörigkeit zum deutschen Volk nicht. In diesem Kontext ist die Frage berechtigt, ob und wie sich seine Anwesenheit in Auschwitz-Birkenau künftig auf die Beziehungen zwischen Polen und Deutschen, Deutschen und Juden, aber auch Polen und Juden auswirken wird. Erzbischof Henryk Muszyński, der Metropolit von Gnesen, früherer Vorsitzender des Bischöflichen Komitees für den Dialog mit dem Judaismus und seit September 2002 Mitglied der römischen Kongregation für Wissenschaft und Glauben, drückte in dieser Hinsicht – als Antwort auf die Frage eines Journalisten – eine bemerkenswerte Ansicht aus:

„Es ist eine Zäsur, die eine der Etappen der Nachkriegsgeschichte – die Etappe der direkten Konfrontation – abschließt und klar den Weg in Richtung der Versöhnung weist. Seit dem Augenblick, in dem der deutsche Papst auf dem Gebiet des Lagers war, dort betete und Gott um Versöhnung bat, ist ein neuer Weg in die Zukunft eröffnet. Der Besuch des Papstes in Auschwitz war eine Zäsur auf dem Weg zur Versöhnung zwischen Polen, Deutschen und Juden. Deshalb kann ab heute keiner mehr den dreidimensionalen Charakter dieser Versöhnung in Frage stellen."

Joseph Ratzinger, als Pilger in Auschwitz-Birkenau, trat ohne Zweifel in die Spuren seines Vorgängers, den er stets „den Großen" nennt. Seine Schritte, seine Gesten und Äußerungen sollten nicht getrennt vom Lebenswerk Johannes Pauls II. beurteilt werden. Die Wahl von Auschwitz-Birkenau als Andachtsort und Pilgerstation der – vom Weltjugendtag abgesehen – ersten Auslandsreise Benedikts XVI. war gewiss nicht zufällig. Auch seine eigene Zusammenfassung der Bedeutung dessen, was er in Polen erlebt hat, sollte nicht übersehen werden. Am 31. Mai 2006, während der Generalaudienz im Vatikan, sprach er darüber klar und eindeutig:

„Gerade an diesem Ort, der in der ganzen Welt traurige Berühmtheit erlangt hat, wollte ich vor meiner Rückkehr nach Rom innehalten. Im Lager Auschwitz-Birkenau und in weiteren, ähnlichen Lagern ließ Hitler über sechs Millionen Juden vernichten. In Auschwitz-Birkenau starben außerdem etwa 150.000 Polen und Zehntausende Männer und Frauen anderer Nationalitäten. Angesichts des Grauens von Auschwitz gibt es keine andere Antwort als das Kreuz Christi: die Liebe, die in den tiefsten Abgrund des Bösen hinabgestiegen ist, um den Menschen an der Wurzel zu retten, dort, wo seine Freiheit sich gegen Gott auflehnen kann. Möge die heutige Menschheit Auschwitz und die anderen ‚Todesfabriken' nie vergessen, in denen das nazistische Regime versucht hat, Gott zu beseitigen, um seinen Platz einzunehmen! Möge sie nie der Versuchung zum Rassenhass nachgeben, der Ursprung der schlimmsten Formen des Antisemitismus ist! Mögen die Menschen wieder erkennen, dass Gott der Vater aller ist, und dass er in Christus uns alle aufruft, gemeinsam eine Welt der Gerechtigkeit, der Wahrheit und des Friedens aufzubauen!"

JOHANN BAPTIST
METZ

AUSCHWITZ: UNVERZICHTBARER ORTSTERMIN EINER CHRISTLICHEN GOTTESREDE

Anmerkung des Verlags: Die folgenden Überlegungen sind zusammengestellt aus Johann Baptist Metz' jüngster Veröffentlichung „Memoria passionis. Ein provozierendes Gedächtnis in pluralistischer Gesellschaft" (Freiburg – Basel – Wien 2006). Sie zeigen eine Gestalt christlicher Theologie, die sich seit den sechziger Jahren von „Auschwitz" so provozieren ließ, dass sie die Frage nach der abgründigen Leidensgeschichte der Welt wieder in das Zentrum christlicher Gottesrede rückte und gegenüber allem vertrauten Systemdenken deren mystisch-politischen Kern wiederentdeckte. Diese Neubesinnung katholischer Theologie zeigt einen Hintergrund, vor dem auch die Ansprache Papst Benedikts XVI. in Auschwitz gelesen werden kann.

In der katholischen Kirche ist seit dem Zweiten Vatikanischen Konzil viel die Rede von den so genannten „Zeichen der Zeit", die es im Lichte des Glaubens zu erkennen und in der Kraft der Hoffnung zu „bearbeiten" gilt. Welches aber wären denn diese Zeichen der Zeit? Was prägt das Antlitz des vergangenen Jahrhunderts? An was werden sich die Menschen des 21. Jahrhunderts erinnern, wenn sie sich noch erinnern? An welche Zeit-Male, Zeit-Zeichen? Eine Rundfrage würde sich lohnen. Wäre „Auschwitz" überhaupt darunter? Ich zweifle. Sprechen die kirchlichen Verlautbarungen zu diesen Zeichen der Zeit von Auschwitz? Mir ist nichts Einschlägiges bekannt. Meine Überlegungen anerkennen Auschwitz als ein solches Zeit-Zeichen. Von diesem offensichtlich eher unzeitgemäßen Zeichen der Zeit soll hier die Rede sein, damit für das kirchliche Leben der Christen nicht zutrifft, was Elie Wiesel – nicht denunziatorisch, eher mit einem Anflug von Trauer – so formuliert hat: „Gestern hieß es: Auschwitz, nie gehört; heute heißt es: Auschwitz, ach ja, ich weiß schon." Wissen wir es wirklich? Wissen wir, was durch Auschwitz geschah, mit uns geschah, mit unserem Geist des Christentums und unserer oft so vergesslichen, oft so geschmeidigen Rede von Gott und Welt? Vom gleichen Elie Wiesel stammt der für christliche Ohren ungeheuerliche Satz: „Der nachdenkliche Christ weiß, dass in Auschwitz nicht das jüdische Volk gestorben ist, sondern das Christentum." Wir werden diesem Satz nur standhalten können, wenn wir die Erfahrungen, aus denen er stammt, nicht in den Wind schlagen.

Im Zentrum der Theologie: die biblische Theodizeefrage

Wie auch könnte man „nach Auschwitz" – unirritiert – nach der eigenen Rettung fragen! Die Gottesrede ist entweder die Rede von der Vision und der Verheißung einer großen Gerechtigkeit, die auch an diese vergangenen Leiden rührt, oder sie ist leer und verheißungslos – auch für die gegenwärtig Lebenden. Die dieser Gottesrede immanente Frage ist zunächst und in erster Linie die Frage nach der Rettung der ungerecht und unschuldig Leidenden. Es geht um die Frage, wie denn überhaupt von Gott zu reden sei angesichts der abgründigen Leidensgeschichte der Welt, „seiner" Welt.

So wie es zwei Aufklärungstypen gibt, zum einen die von (griechischer) Philosophie geprägte Aufklärung sowohl in ihrer kontinental-europäischen wie in ihrer angelsächsisch-transatlantischen Version, zum andern die reflexiv interpretierte Aufklärung in den biblischen Traditionen (Bilderverbot, Götzenkritik, negative Theologie der Propheten ...), so gibt es auch und vor allem zwei unterschiedliche Theodizeetypen: wiederum die strikt philosophische Frage nach der Rechtfertigung Gottes angesichts der Übel und des Bösen in der Welt, üblicherweise skizziert von Epikur bis Kant (und dessen „Erledigung" dieser Fragestellung), andererseits eine typisch biblische Gestalt der Theodizeefrage, speziell in den prophetisch-apokalyptischen Traditionen (beider Testamente), die die Dramatik dieser Frage in die Situation der Glaubenden hineinnehmen und sich so dem Versuch einer mythischen oder rein theologisch-spekulativen Erledigung widersetzen; für diese Traditionen schärft sich das Gottesgedächtnis an den Widersprüchen der menschlichen Passionsgeschichten.

Das frage ich mich, wenn ich auf die heute ach so positive Gottesmetaphorik in der Verkündigung höre, in der nur noch von der „Liebe" Gottes die

Rede ist. Das frage ich mich freilich auch, wenn ich bei Kritikern lese, dass es allein die Kirche gewesen sei, die das dunkle Gottesbild gemalt habe, um die Menschen zu ängstigen und zu demütigen. Nein, es ist schon das Leben selbst, das uns dieses dunkle Gottesbild vorhält und das ein reifer Glaube nicht einfach wegzuschminken, sondern dem er standzuhalten hätte – und sei es mit einem lautlosen Seufzer der Kreatur. Wie narzisstisch muss eigentlich ein Glaube sein, der angesichts des Unglücks und der abgründigen Leiden in der Schöpfung, in Gottes Schöpfung, nur Jubel kennen will und keinen Schrei vor dem dunklen Antlitz Gottes?

Ich habe für mich nie eine Chance gesehen, dieser Provokation durch die Theodizeefrage mit der Rede vom leidenden Gott selbst, vom Leiden *in* Gott zu begegnen. Immer bleibt für mich das christliche Hoffnungspathos eingebettet in ein Leiden *an* Gott – nicht, um so den alltäglichen Leiderfahrungen noch zusätzlich eine religiöse überzustülpen und nicht, um der profanen Leidensgeschichte noch eine mystische hinzuzufügen, sondern um in dieser negativen Gestalt der Hoffnung als Leiden an Gott all unsere widersprüchlichen Leiderfahrungen zu sammeln und sie so dem

Abgrund der Verzweiflung oder des Vergessens zu entreißen.

Die Forderung indes, diesen Schrei nochmals in seinem spezifischen Richtungssinn und damit in seiner Qualität durch eine apriorische Gottesidee beziehungsweise eine transzendentalphilosophisch begründbare „Gottbegabung“ zu bestimmen, verkennt in meinen Augen den Ernst der Gottesfrage im Vermissungswissen der Theodizeefrage. Denn der in diesem Vermissungswissen sich artikulierende Widerstand gegen unschuldiges und ungerechtes Leid ginge ins Leere, wenn er sich nicht im Schrei nach Gott artikulieren würde. Insofern liegt die Gottbegabung *in* dieser geschichtlich-konkreten, in dieser dialektischen „Brechung“ des mitleidlosen Vergessens.

Auschwitz als Attentat

Wenn es um Auschwitz geht, kann man kaum zu radikal sein, leicht aber zu geistreich oder zu „originell“. Es darf einem, auch und gerade als christlichem Theologen, dazu nicht zu viel einfallen. Mir ist zur Kirche und zum Christsein nach Auschwitz zunächst eigentlich immer nur eines eingefallen. Was ich sagen will, knüpft an eine Gesprächserinnerung aus den 60er Jahren an. Damals fand in Münster eine Podiumsdiskussion zwischen dem tschechischen Philosophen Milan Machovec, Karl Rahner und mir statt. Gegen Ende des Gesprächs erinnerte Machovec an Adornos Wort – „Nach Auschwitz gibt es keine Gedichte mehr“ – und er fragte mich, ob es denn für uns Christen nach Auschwitz noch Gebete geben könne. Ich habe schließlich geantwortet, was ich auch heute antworten würde: Wir können nach Auschwitz beten, weil auch in Auschwitz gebetet wurde – im Gesang, im Geschrei der jüdischen Opfer. Gewiss, nicht alle Opfer waren Juden, aber alle Juden gehörten zu den Opfern.

Wir Christen kommen niemals mehr hinter Auschwitz zurück; über Auschwitz hinaus aber kommen wir, genau besehen, nicht mehr allein, sondern nur noch mit den Opfern von Auschwitz. Das ist in meinen Augen der Preis für die Kontinuität des Christentums jenseits von Auschwitz. Man sage nicht: Schließlich gibt es für uns Christen andere Gotteserfahrungen als die von Auschwitz. Gewiss! Aber wenn es für uns keinen Gott in Auschwitz gibt, wie soll es ihn dann für uns anderswo geben? Man sage auch nicht, eine solche Auffassung verstoße gegen den Kern der kirchlichen Lehre, derzufolge den Christen die Nähe Gottes in Jesus Christus unwiderruflich verbürgt ist. Es bleibt ja immerhin die Frage, für welches Christentum diese Zusage gilt. Etwa für ein antijudaistisch sich identifizierendes Christentum, das zu den historischen Wurzeln von Auschwitz gehört, oder eben für eines, das seine eigene Identität nur wissen und verkünden kann im Angesicht dieser jüdischen Leidensgeschichte? Für mich ist die Anerkennung dieser quasi heilsgeschichtlichen Abhängigkeit der Prüfstein dafür, ob wir als Christen bereit sind, die Katastrophe von Auschwitz wirklich als solche zu erfassen und sie als die Herausforderung, als die wir sie häufig moralisch beschwören, kirchlich und theologisch auch wirklich ernstzunehmen.

Haben wir vielleicht schon wieder vergessen, dass Auschwitz den Versuch bezeichnete, das jüdische Volk und seine religiöse Tradition zu vernichten, jene religiöse Tradition, in der alle großen monotheistischen Religionen, das Christentum (wie Paulus bestätigt), aber auch der Islam verwurzelt sind? Wollten wir also nicht wahrhaben, dass

Auschwitz ein Attentat auf alles war, was auch uns Christen hätte heilig sein müssen?

„Landschaft aus Schreien"

Das biblische Israel zeigt sich als eine ausgesprochene Theodizeelandschaft, sozusagen als Volk mit besonderer Theodizee-Empfindlichkeit. Denn angesichts widerfahrenden Leids blieb dieses Israel in seinem innersten Wesen mythisch und idealistisch stumm. Es kannte nicht jenen „Reichtum im Geiste", mit dem es sich – durch Mythisierung oder Idealisierung der Lebenszusammenhänge, durch eine Art Kompensationsdenken – über die eigenen Ängste, über die Fremde des Exils und über die immer wieder aufbrechenden Leidensgeschichten erheben und mit sich selbst trösten konnte. Es war und blieb „arm im Geiste", auch dort, wo es in kultureller und politischer Überfremdung Mythenangebote und Idealisierungskonzepte zuhauf importierte.

Israels Gottbegabung, seine Gottfähigkeit (wenn dieses Wort hier erlaubt ist), zeigte sich in einer besonderen Art seiner Unfähigkeit: in der Unfähigkeit, sich von geschichtsfernen Mythen oder Ideen trösten zu lassen. Gegenüber den glanzvoll blühenden Hochkulturen seiner Zeit – in Ägypten, in Persien, in Griechenland – blieb Israel schließlich eine eschatologische „Landschaft aus Schreien“ (Nelly Sachs), eine Erinnerungs- und Erwartungslandschaft, wie übrigens auch die frühe Christenheit, deren Biographie bekanntlich auch mit einem Schrei endet, mit einem nun christologisch angeschärften Schrei, der inzwischen freilich zumeist mythisch oder idealistisch-hermeneutisch zum Verstummen gebracht ist. Nicht vage schweifende Fragen zwar, wohl aber leidenschaftliche Rückfragen gehören zu jener Gottespassion, über die sich – nach Paulus – die Christen mit den jüdischen Traditionen zu verständigen hätten. Während andere Völker im Mythos verankerte Kulturen entfaltet haben, Kulturen von höchstem Rang, kannte Israel, das kleine Wüstenvolk, nur eine einzige „Erfindung“: die Temporalisierung von Mythen in seiner eschatologisch orientierten Gottespassion.

Gott in seiner unzugänglichen und unaussprechlichen Göttlichkeit ist den Israeliten so nahegegangen, dass sie nach ihm geschrieen haben. In diesem Schrei war er ihnen als Gott präsent, in diesem

Schrei hat er sie in seiner Göttlichkeit heimgesucht, in diesem Schrei erfüllt sich für sie, was die Theologie „präsentische Eschatologie“ nennt, gegenwärtiges Gottesereignis, Da-sein Gottes. So wurden die Israeliten zum ersten „Volk Gottes“, zum Volk des „Bundes“ mit Gott, zum Volk des biblischen Monotheismus.

Die heilsdramatische Gestalt der Theodizeefrage als „der“ eschatologischen Frage: Müsste sie nicht auch „die“ Frage der christlichen Theologie heute sein und bleiben? Doch inzwischen scheint sie längst entwichtigt oder beruhigt zu sein. Ist es die christliche Botschaft selbst oder ist es die Art, wie sie zur Theologie wurde, die diese eschatologisch gespannte Rückfrage an Gott, die diesen Schrei im Christentum verstummen ließ? Ich weiß, eine solch große und grundsätzliche Frage ist kaum hilfreich, aber ist sie wirklich vermeidbar?

Für ein leidempfindliches Christentum

Im Angesicht der Katastrophe von Auschwitz geht es für die christliche Theologie nicht primär um die Frage nach der Schuld und um Vergebung für die

Täter, sondern um die Frage nach der Rettung der Opfer, nach der Gerechtigkeit für die unschuldig Leidenden. Es geht also nicht primär um Soteriologie, sondern um Theodizee. Woher kommt der Eindruck, dass sich die Kirche mit den schuldigen Tätern immer leichter tut als mit den unschuldigen Opfern? Ist unsere Christologie nicht soteriologisch so überdeterminiert, dass sie die (ebenso unbeantwortbare wie unvergessliche) Theodizeefrage der Bibel gar nicht mehr zulässt?

Die den Glauben Israels beunruhigende Frage nach der Gerechtigkeit für die unschuldig Leidenden wurde im Christentum allzu schnell verwandelt und umgesprochen in die Frage nach der Erlösung der Schuldigen. Die Leidensfrage geriet in einen soteriologischen Zirkel, die Christologie stellte als Soteriologie die Theodizeefrage still. Muss also nicht unbedingt die biblische Theodizeefrage in die Christologie zurückgeholt werden? Darf sich eine Christologie nach Auschwitz die apokalyptische Unruhe der Rückfrage an Gott angesichts der himmelschreienden Leidensgeschichte der Menschen ersparen?

Damit soll keineswegs die einzigartige Bedeutung der Passion und des Kreuzes Christi wie überhaupt das Gewicht von Schuld und Sünde in der Botschaft Jesu in Frage gestellt werden. Hier sollen allenfalls nur wir Christen selbst befragt werden: Haben wir vielleicht – im Verlauf der Zeit – das Christentum zu ausschließlich als eine sündenempfindliche und entsprechend zu wenig als eine leidempfindliche Religion interpretiert? Haben wir womöglich die Passion Christi doch so verstanden wie in Mel Gibsons Film, sodass in und hinter der Passion Christi die Passionsgeschichte der Menschheit, die vielen Gekreuzigten an den Straßen der Geschichte, einfach verschwunden sind? Haben wir die Frage, den Schrei nach Gott angesichts der abgründigen Leidensgeschichte der Welt aus der christologischen und eschatologischen Verkündigung vielleicht zu schnell und zu sorglos verbannt? Der Schrei nach Gott gehört zum mystischen Hintergrund des Christentums – bis aller Hunger und Durst nach der großen Gerechtigkeit gestillt sein wird in jener Auferweckung der Toten, die uns im Glauben an die Auferweckung des Christus verheißen ist.

In einer frühen These (1977) hatte ich formuliert: „Christologie ohne Apokalyptik wird zur Siegerideologie. Mussten das nicht jene leidvoll genug erfahren, deren apokalyptische Traditionen das Christentum allzu sieghaft verdrängte: die Juden?“ Ich versuche zu erläutern: War die Christologie nicht immer in Gefahr, sich in eine triumphalistische Geschichtstheologie zu verwandeln? Hat die christliche Theologie nicht im Namen des Sieges Christi die Geschichte zu schnell von allen Widersprüchen gereinigt und fein ausgebügelt? Der Blitz der Gefahr scheint vorüber. Die Gewitter ziehen nur noch ab. Der Donner hallt nur noch nach. Alles Dunkle und Trübe liegt eigentlich schon hinter uns. Ist damit den Autoren heutiger Christologie nicht das Sensorium für die Negativität der Geschichte, für die Unterbrechungen und Gefahren längst abhandengekommen? Sind sie nicht versucht, auf solche Katastrophen mit der Apathie der Sieger zu reagieren? Die Art und Weise, wie wir Christen üblicherweise mit der Katastrophe von Auschwitz umgehen, mag diese Versuchung erläutern.

Doch die Christologie ist keine Ideologie der geschichtlichen Sieger! Das könnte und müsste sich die christliche Theologie durch einen zweiten Blick auf die Apokalyptik der Glaubensgeschichte Israels immer wieder verdeutlichen. Schließlich ist es Paulus selbst, der auf diesem Zusammenhang besteht.

Er trägt ins Zentrum der Christologie, in die Botschaft von der Auferweckung des Christus apokalyptische Gesichtspunkte ein. Man höre nur einmal: „Wenn die Toten nicht auferweckt werden, ist auch der Christus nicht auferweckt worden“ (vgl. 1 Kor 15,13.16). Paulus bindet also die Auferweckung des Christus zurück an die Auferweckung der Toten, wie sie in der apokalyptischen Naherwartung der tödlich bedrohten jüdischen Gemeinden geglaubt wurde. Wer Christologie und Apokalyptik schiedlich-friedlich trennt, wer zum Beispiel die Rede von der Auferweckung des Christus am Kreuz so hört, dass in ihr der apokalyptische Schrei des gottverlassenen Sohnes unhörbar geworden ist, der hört nicht das Evangelium, sondern einen archaischen Siegermythos.

Wo war „der Mensch“ in Auschwitz?

Für viele, auch für viele Christen ist Auschwitz längst hinter dem Horizont ihrer Erinnerungen verschwunden. Nur wenige bringen die gegenwärtigen Humanitätskrisen mit der Katastrophe, die den Namen Auschwitz trägt, in Verbindung: die zunehmende Taubheit gegenüber allgemeinen und „großen“ Ansprüchen und Wertungen, der Solidaritätsverfall, das anpassungsschlaue Sich-Kleinmachen, die zunehmende Weigerung, das Ich des Menschen mit moralischen Perspektiven auszustatten usw. – sind das nicht auch alles Misstrauensvoten gegen „den Menschen“? Darum lautet die theologische Frage nach Auschwitz nicht nur: Wo war Gott in Auschwitz? Sie heißt auch: Wo war der Mensch in Auschwitz?

In der Situation nach Auschwitz hat mich gerade die Verzweiflung derer beunruhigt, die diese Katastrophe überlebt haben: So viel sprachloses Unglück, so viele Selbstmorde! Viele sind an der Verzweiflung am Menschen gescheitert. Wie auch kann man an den Menschen oder gar, welch großes Wort, an die Menschheit glauben, wenn man in Auschwitz erleben musste, wozu „der Mensch“ fähig ist? Auschwitz hat die metaphysische Schamgrenze zwischen Mensch und Mensch tief abgesenkt. So etwas überstehen nur die Vergesslichen. Oder die, die schon erfolgreich vergessen haben, dass sie etwas vergessen haben. Aber auch sie bleiben nicht ungeschoren. Man kann auch auf den Namen des Menschen nicht beliebig sündigen.

Nicht nur der einzelne Mensch, auch die Idee des Menschen und der Menschheit ist zutiefst verletzbar. Denn es gibt nicht nur eine Oberflächengeschichte, sondern auch eine Tiefengeschichte der Gattung Mensch.

Was wäre, wenn sich die Menschen eines Tages nur noch mit der Waffe des Vergessens gegen das Unglück in der Welt wehren könnten, wenn sie ihr Glück nur noch auf das mitleidlose Vergessen der Opfer bauen könnten, auf eine Kultur der Amnesie, in der angeblich die Zeit alle Wunden heilt? Woraus nährte sich dann noch der Aufstand gegen die Sinnlosigkeit unschuldigen und ungerechten Leidens in der Welt, was inspirierte dann noch zur Aufmerksamkeit für das fremde Leid und für die Vision einer neuen größeren Gerechtigkeit? Was bliebe denn, wenn sich solche kulturelle Amnesie in der Menschheit vollendete? Wenn der öffentliche Gebrauch der Vernunft nicht mehr zur Unterbrechung unserer vergessensgeleiteten „Normalität" provozierte? Die als Theodizee ausgelegte Gottesrede bedeutet keineswegs eine folgenlose „Vertagung" der himmelschreienden Leidenserfahrungen der Menschheit in das Geheimnis Gottes hinein. Sie kann sich nämlich als Rückfrage an Gott nur formulieren in der solidarischen Praxis einer memoria passionis, die dem Verschwinden des unschuldigen und ungerechten Leids in der Welt ins allgemeine Vergessen widersteht.

DIE AUTOREN

Władysław Bartoszewski
Geboren am 19. 2. 1922 in Warschau; Prof. Dr., Schriftsteller, Journalist, Historiker, Diplomat, 1940–1941 Auschwitz-Häftling, 1942–1944 Mitbegründer einer geheimen Hilfsorganisation für die Juden, Teilnehmer des polnischen Widerstands und des Warschauer Aufstands 1944, nach dem Krieg sechseinhalb Jahre durch die polnischen Kommunisten inhaftiert, 1990–1995 polnischer Botschafter in Wien, 1995 und 2000–2001 Außenminister der Republik Polen.

Benedikt XVI.
Joseph Ratzinger, geboren am 16. 4. 1927 in Marktl am Inn; 1943 als Flakhelfer eingezogen, 1944 Arbeitsdienst, Infanteriesoldat, 1945 amerikanische Kriegsgefangenschaft; Priesterweihe 1951, theologische Professuren an verschiedenen Universitäten, 1977–1982 Erzbischof von München, 1977–2005 Kardinal, 1981–2005 Präfekt der Glaubenskongregation, Präsident der Päpstlichen Bibelkommission und der Internationalen Theologenkommission, 2002–2005 Dekan des Kardinalskollegiums, seit 19. 4. 2005 Papst.

Johann Baptist Metz
Geboren am 5. 8. 1928 in Auerbach in der Oberpfalz; als 16-Jähriger zum Militär eingezogen, als Kriegsgefangener in den USA, Priesterweihe 1954; Prof. Dr. Dr., Schüler Karl Rahners, Fundamentaltheologe von Weltrang, Begründer der „Neuen Politischen Theologie“, die die „Theologie der Befreiung“ inspiriert hat. Hauptverfasser des Dokuments „Unsere Hoffnung“ der Würzburger Synode, Mitbegründer der Internationalen Theologischen Zeitschrift „Concilium“. Nach Metz gehört das Thema „Auschwitz“ ins Zentrum der christlichen Rede von Gott.

Elie Wiesel
Geboren am 30. 9. 1928 in Sighet, Siebenbürgen; 1944 mit seiner Familie nach Auschwitz deportiert, 1945 von US-Truppen aus dem KZ Buchenwald befreit; nach dem Krieg Journalist für französische und israelische Zeitungen, heute Schriftsteller und politischer Aktivist, Autor von über 40 Büchern. Seit den 50er Jahren in den USA, seit 1963 amerikanischer Staatsbürger. Mit seiner Frau Marion Gründer der Elie Wiesel Foundation for Humanity (New York). 1978–1986 Vorsitzender des US Holocaust Memorial Council. Andrew-Mellon-Professor of

the Humanities an der Boston University. Träger zahlreicher literarischer und akademischer Auszeichnungen sowie des Friedensnobelpreises (1986).

6,–